AF189851

Impressum
Verlag: BABADADA GmbH, Nedderfeld 112 , 22529 Hamburg
Geschäftsführer / Verlagsleitung: Harald Hof
Druck: Books on Demand GmbH, In de Tarpen 42, 22848 Norderstedt

Imprint
Publisher: BABADADA GmbH, Nedderfeld 112 , 22529 Hamburg, Germany
Managing Director / Publishing direction: Harald Hof
Print: Books on Demand GmbH, In de Tarpen 42, 22848 Norderstedt

école

school

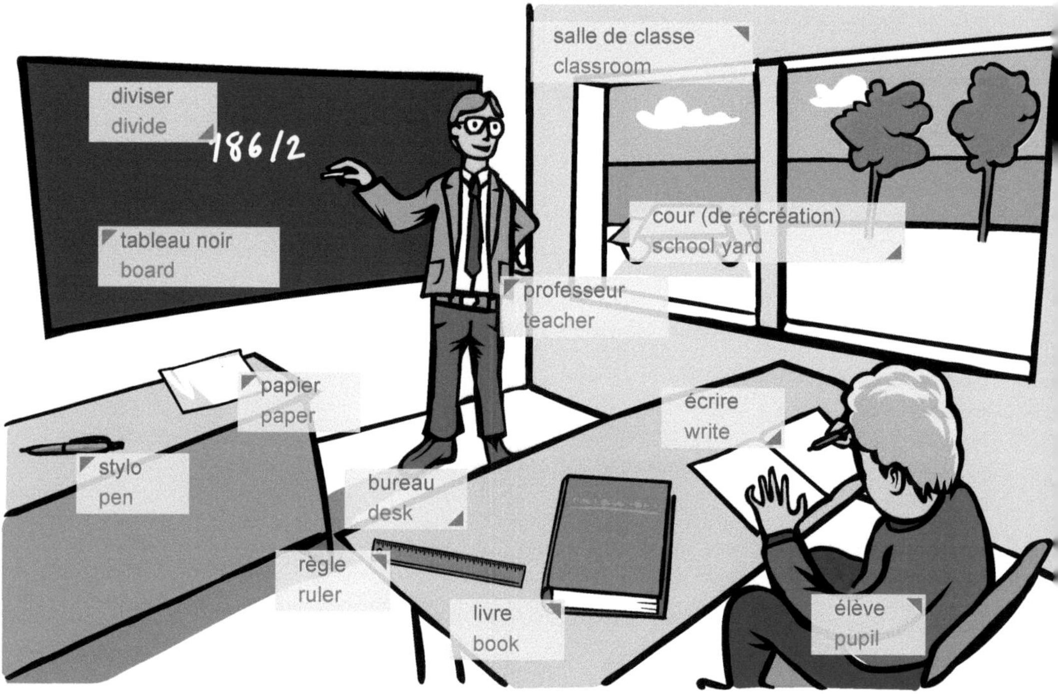

salle de classe
classroom
diviser
divide
186/2
tableau noir
board
cour (de récréation)
school yard
professeur
teacher
papier
paper
écrire
write
stylo
pen
bureau
desk
règle
ruler
livre
book
élève
pupil

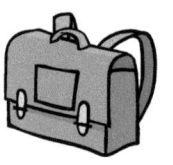

cartable

satchel

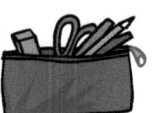

trousse

pencil case

crayon

pencil

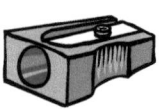

taille-crayon

pencil sharpener

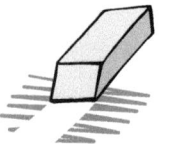

gomme

rubber

carnet à dessin

drawing pad

dessin

drawing

pinceau

paintbrush

boîte de peinture

paint box

ciseaux

scissors

colle

glue

cahier d'exercices

exercise book

devoirs

homework

chiffre

number

additionner

add

soustraire

subtract

multiplier

multiply

calculer

calculate

lettre

letter

alphabet

alphabet

mot

word

texte

text

lire

read

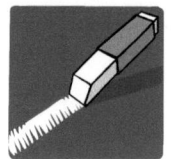

craie

chalk

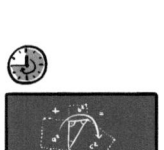

leçon

lesson

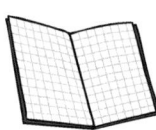

livre de classe

register

examen

exam

certificat

certificate

uniforme scolaire

school uniform

formation

education

lexique

encyclopedia

université

university

microscope

microscope

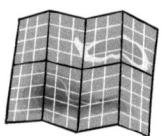

carte

map

corbeille à papier

paper bin

voyage
travel

Grand
hôtel
hotel
auberge
hostel
ROOMS
bureau de change
bureau de change
EXCHANGE
valise
suitcase
voiture
car

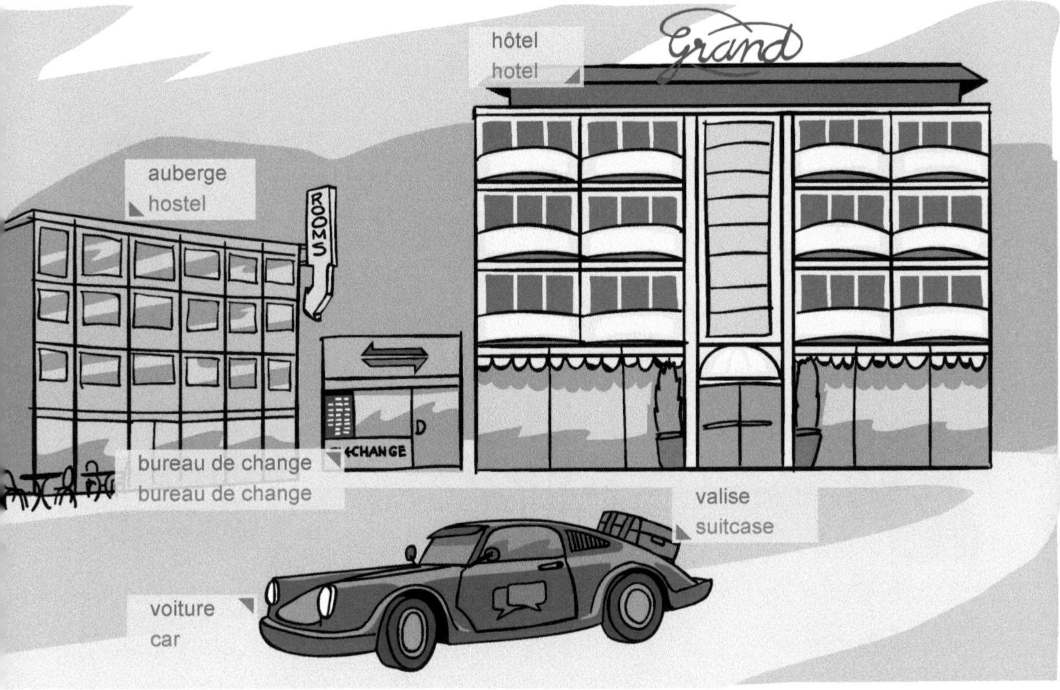

langue

language

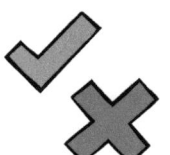

oui / non

yes / no

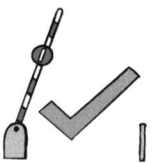

d'accord

Okay

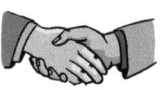

Salut

hello

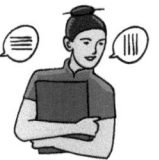

interprète

translator

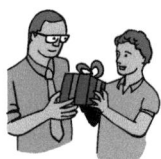

merci

Thank you

Combien coûte...?

how much does ... cost?

Je ne comprends pas

I do not understand

problème

problem

Bonsoir !

Good evening!

Bonjour !

Good morning!

Bonne nuit !

Good night!

Au revoir

bye bye

direction

direction

bagages

luggage

sac

bag

sac-à-dos

backpack

hôte

guest

pièce

room

sac de couchage

sleeping bag

tente

tent

office de tourisme

tourist information

plage

beach

carte de crédit

credit card

petit-déjeuner

breakfast

déjeuner

lunch

dîner

dinner

billet

ticket

ascenseur

lift

timbre

stamp

frontière

border

douane

customs

ambassade

embassy

visa

visa

passeport

passport

transport
transport

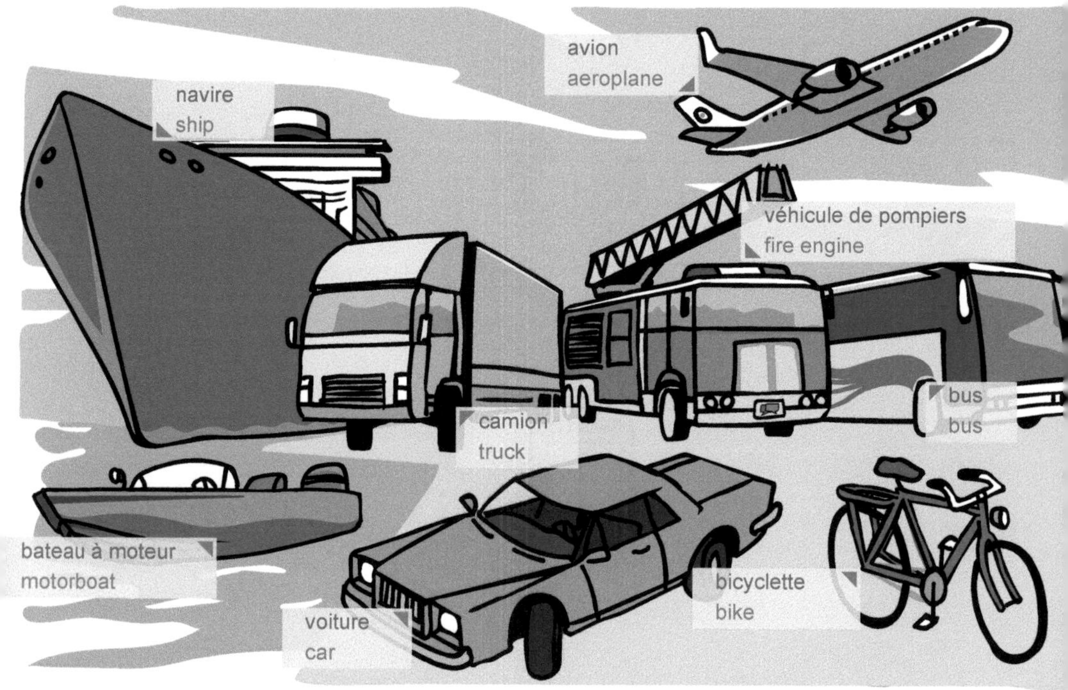
avion
aeroplane
navire
ship
véhicule de pompiers
fire engine
bus
bus
camion
truck
bateau à moteur
motorboat
bicyclette
bike
voiture
car

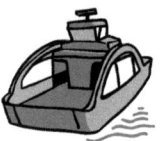

ferry

ferry

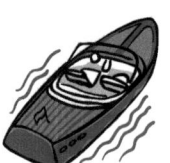

barque

boat

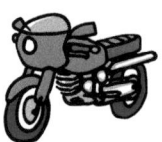

moto

motorbike

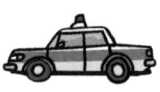

voiture de police

police car

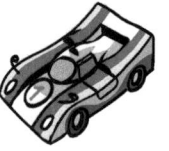

voiture de course

racing car

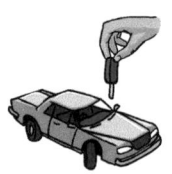

voiture de location

rental car

auto-partage

car sharing

voiture de remorquage

breakdown truck

benne à ordures

refuse truck

moteur

motor

essence

fuel

station d'essence

petrol station

panneau indicateur

traffic sign

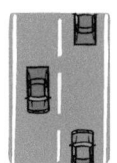

trafic

traffic

embouteillage

traffic jam

parking

car park

gare

train station

rails

tracks

train

train

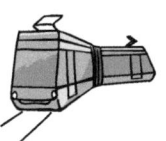

tramway

tram

wagon

carriage

hélicoptère

helicopter

aéroport

airport

tour

tower

passager

passenger

conteneur

container

carton

carton

chariot

cart

corbeille

basket

décoller / atterrir

take off / land

ville

city

village

village

centre-ville

city centre

maison

house

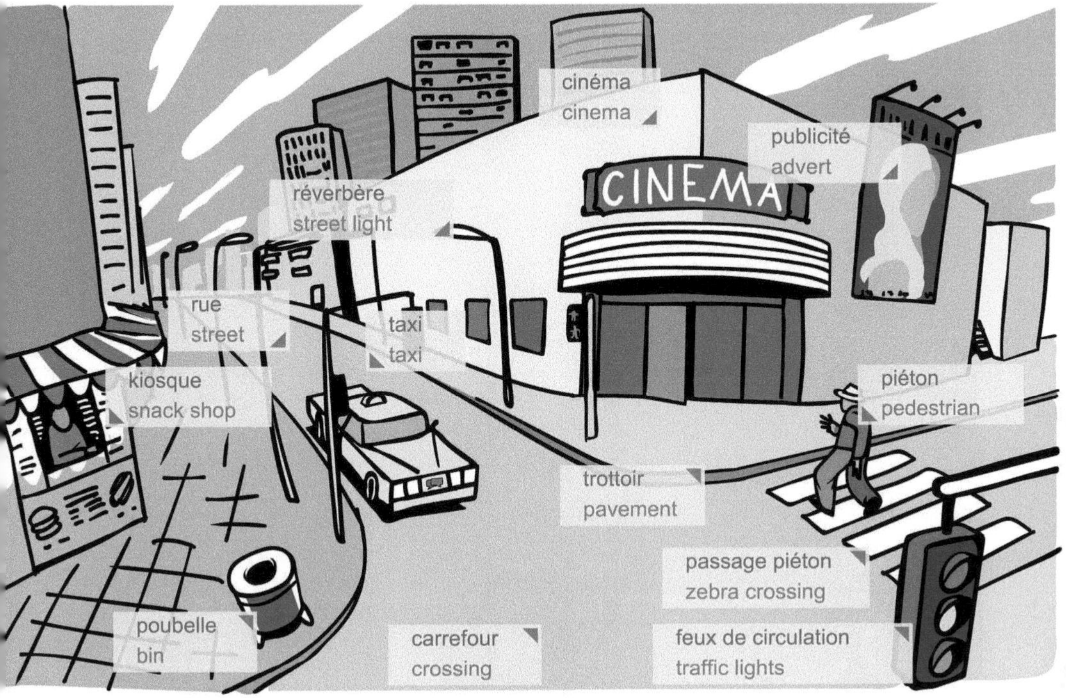

cinéma
cinema

publicité
advert

réverbère
street light

CINEMA

rue
street

taxi
taxi

kiosque
snack shop

piéton
pedestrian

trottoir
pavement

passage piéton
zebra crossing

poubelle
bin

carrefour
crossing

feux de circulation
traffic lights

cabane

hut

appartement

flat

gare

train station

mairie

town hall

musée

museum

école

school

université

university

banque

bank

hôpital

hospital

hôtel

hotel

pharmacie

pharmacy

bureau

office

librairie

book shop

magasin

shop

fleuriste

florist's

supermarché

supermarket

marché

market

grand magasin

department store

poissonnerie

fishmonger's

centre commercial

shopping centre

port

harbour

parc

park

banque

bench

pont

bridge

escaliers

stairs

métro

underground

tunnel

tunnel

arrêt de bus

bus stop

bar

bar

restaurant

restaurant

boîte à lettres

postbox

panneau indicateur

road sign

parcmètre

parking meter

zoo

zoo

piscine

swimming pool

mosquée

mosque

ferme

farm

pollution

pollution

cimetière

graveyard

église

church

aire de jeux

playground

temple

temple

paysage
landscape

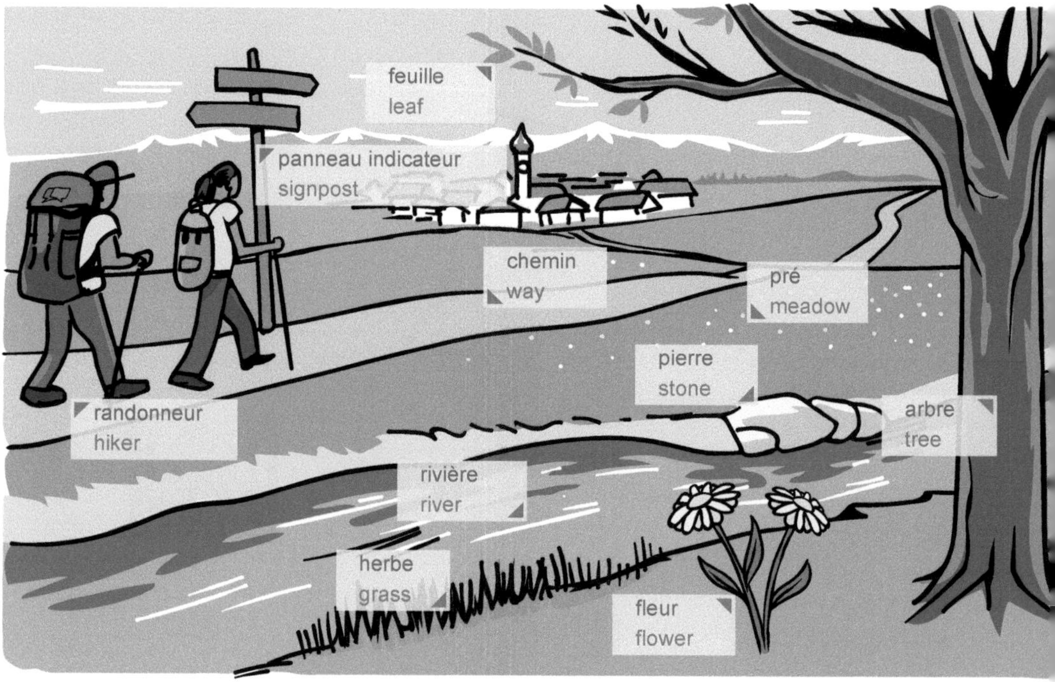

feuille
leaf

panneau indicateur
signpost

chemin
way

pré
meadow

pierre
stone

arbre
tree

randonneur
hiker

rivière
river

herbe
grass

fleur
flower

vallée
valley

montagne
hill

lac
lake

forêt
forest

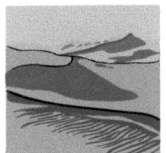

désert
desert

volcan
volcano

château
castle

arc-en-ciel
rainbow

champignon
mushroom

palmier
palm tree

moustique
mosquito

mouche
fly

fourmis
ant

abeille
bee

araignée
spider

coléoptère

beetle

grenouille

frog

écureuil

squirrel

hérisson

hedgehog

lièvre

hare

chouette

owl

oiseau

bird

cygne

swan

sanglier

boar

cerf

deer

élan

moose

barrage

dam

éolienne

wind turbine

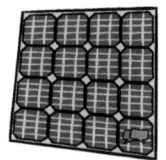

panneau solaire

solar panel

climat

climate

restaurant
restaurant

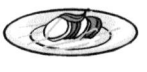

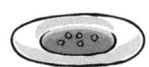

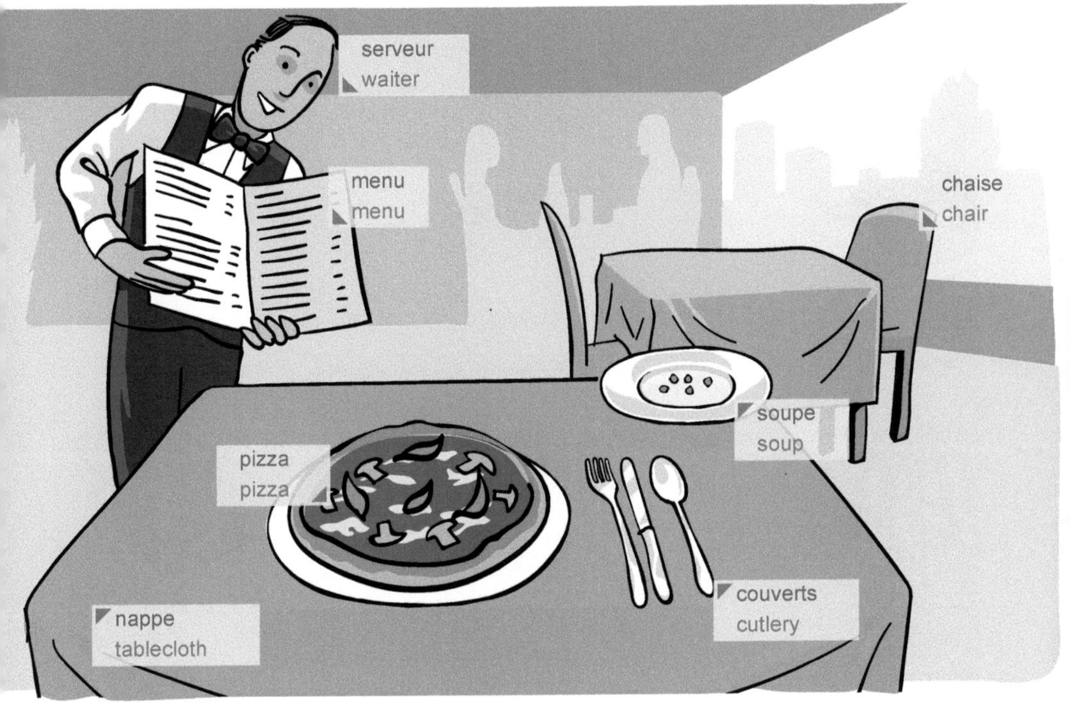
serveur
waiter
menu
menu
chaise
chair
soupe
soup
pizza
pizza
couverts
cutlery
nappe
tablecloth

hors d'œuvre

starter

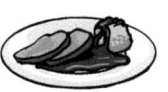

plat principal

main course

dessert

dessert

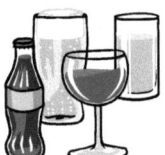

boissons

drinks

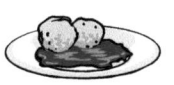

alimentation

food

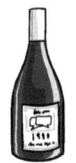

bouteille

bottle

fast-food
fast food

plats à emporter
street food

théière
teapot

sucrier
sugar bowl

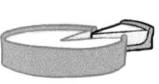

portion
portion

machine à expresso
espresso machine

chaise haute
high chair

facture
bill

plateau
tray

couteau
knife

fourchette
fork

cuillère
spoon

cuillère à thé
teaspoon

serviette
serviette

verre
glass

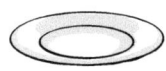

assiette
plate

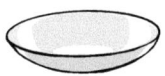

assiette à soupe
soup plate

soucoupe
saucer

sauce
sauce

salière
salt cellar

moulin à poivre
pepper mill

vinaigre
vinegar

huile
oil

épices
spices

ketchup
ketchup

moutarde
mustard

mayonnaise
mayonnaise

offre promotionnelle
special offer

client
customer

produits laitiers
dairy

FOR

chariot
trolley

fruits
fruit

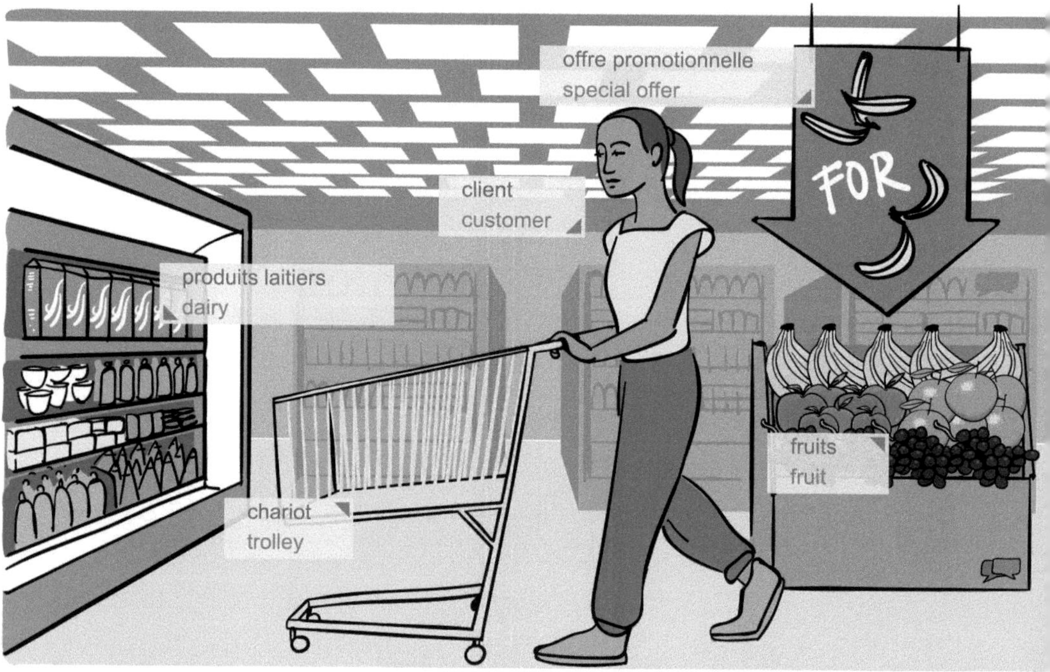

boucherie
butcher's

boulangerie
baker's

peser
weigh

légumes
vegetables

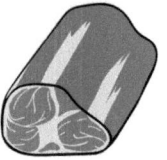

viande
meat

aliments surgelés
frozen food

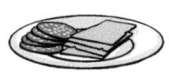

charcuterie

cold meat

conserves

tinned food

poudre à lessive

washing powder

bonbons

sweets

articles ménagers

household products

détergents

cleaning products

vendeuse

salesperson

caisse

till

caissier

cashier

liste d'achats

shopping list

heures d'ouverture

opening hours

portefeuille

wallet

carte de crédit

credit card

sac

bag

sac en plastique

plastic bag

eau

water

jus de fruit

juice

lait

milk

coca

coke

vin

wine

bière

beer

alcool

alcohol

chocolat chaud

cocoa

thé

tea

café

coffee

expresso

espresso

cappuccino

cappuccino

banane

banana

pomme

apple

orange

orange

melon

melon

citron

lemon

carotte

carrot

ail

garlic

bambou

bamboo

oignon

onion

champignon

mushroom

noisettes

nuts

pâtes

noodles

spaghetti

spaghetti

riz

rice

salade

salad

pommes frites

chips

pommes de terre rôties

fried potatoes

pizza

pizza

hamburger

hamburger

sandwich

sandwich

escalope

cutlet

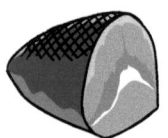

jambon

ham

salami

salami

saucisse

sausage

poulet

chicken

rôti

roast

poisson

fish

flocons d'avoine

porridge oats

muesli

muesli

cornflakes

cornflakes

farine

flour

croissant

croissant

petits-pains

bread roll

pain

bread

pain grillé

toast

biscuits

biscuits

beurre

butter

le fromage blanc

curd

gâteau

cake

œuf

egg

œuf au plat

fried egg

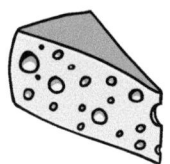

fromage

cheese

alimentation - food

glace

ice cream

sucre

sugar

miel

honey

confiture

jam

crème nougat

chocolate spread

curry

curry

alimentation - food

ferme
farm

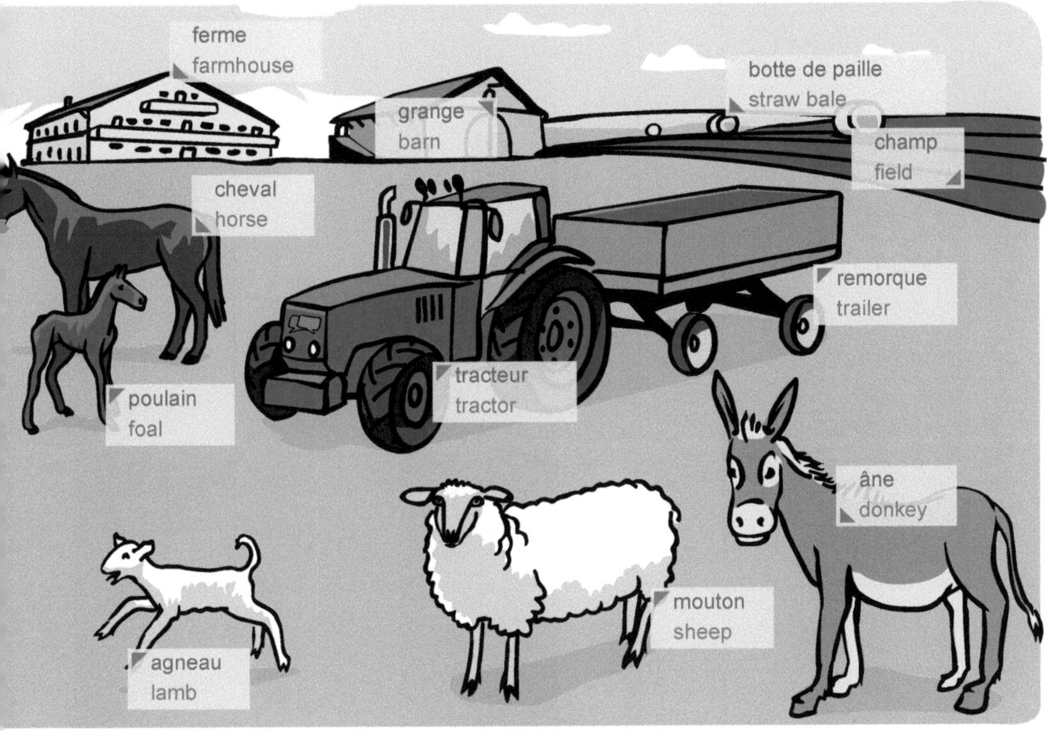
ferme
farmhouse
grange
barn
botte de paille
straw bale
champ
field
cheval
horse
remorque
trailer
tracteur
tractor
poulain
foal
âne
donkey
mouton
sheep
agneau
lamb

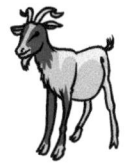

chèvre

goat

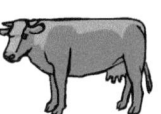

vache

cow

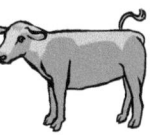

veau

calf

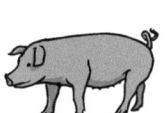

porc

pig

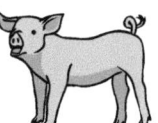

porcelet

piglet

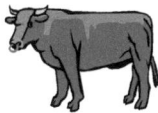

taureau

bull

oie

goose

canard

duck

poussin

chick

poule

hen

coq

cock

rat

rat

chat

cat

souris

mouse

bœuf

ox

chien

dog

chenil

doghouse

tuyau de jardin

garden hose

arrosoir

watering can

faucheuse

scythe

charrue

plough

faucille

sickle

pioche

hoe

fourche

pitchfork

hache

axe

brouette

wheelbarrow

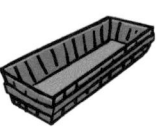

cuve

trough

pot à lait

milk can

sac

sack

clôture

fence

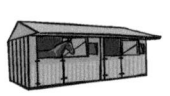

étable

stable

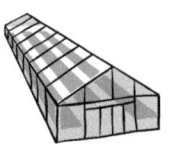

serre

greenhouse

sol

soil

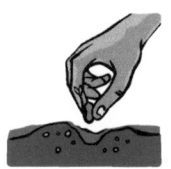

semences

seed

engrais

fertilizer

moissonneuse-batteuse

combine harvester

ferme - farm

récolter

harvest

récolte

harvest

igname

yams

blé

wheat

soja

soy

pomme de terre

potato

maïs

corn

colza

rapeseed

arbre fruitier

fruit tree

manioc

cassava

céréales

cereals

maison
house

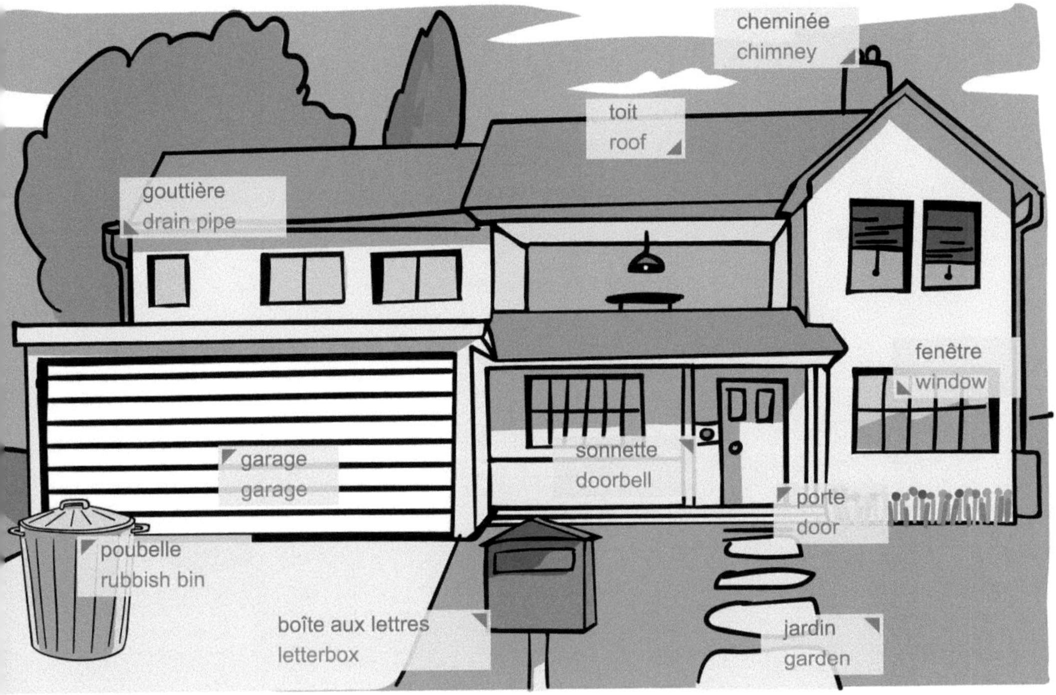
cheminée
chimney
toit
roof
gouttière
drain pipe
fenêtre
window
garage
garage
sonnette
doorbell
porte
door
poubelle
rubbish bin
boîte aux lettres
letterbox
jardin
garden

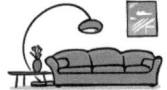

salon

living room

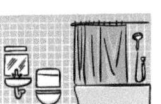

salle de bain

bathroom

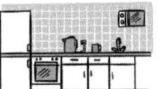

cuisine

kitchen

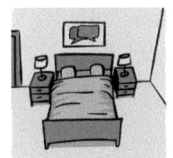

chambre à coucher

bedroom

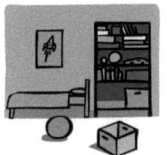

chambre d'enfant

child's room

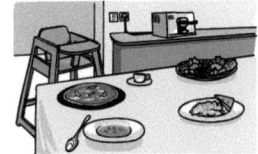

salle à manger

dining room

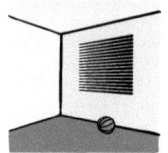

sol

floor

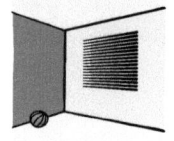

mur

wall

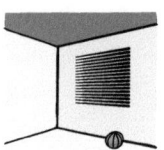

plafond

ceiling

cave

cellar

sauna

sauna

balcon

balcony

terrasse

terrace

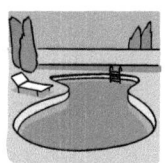

piscine

pool

tondeuse à gazon

lawn mower

housse

sheet

couette

bedspread

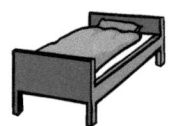

lit

bed

balai

broom

sceau

bucket

interrupteur

switch

salon

living room

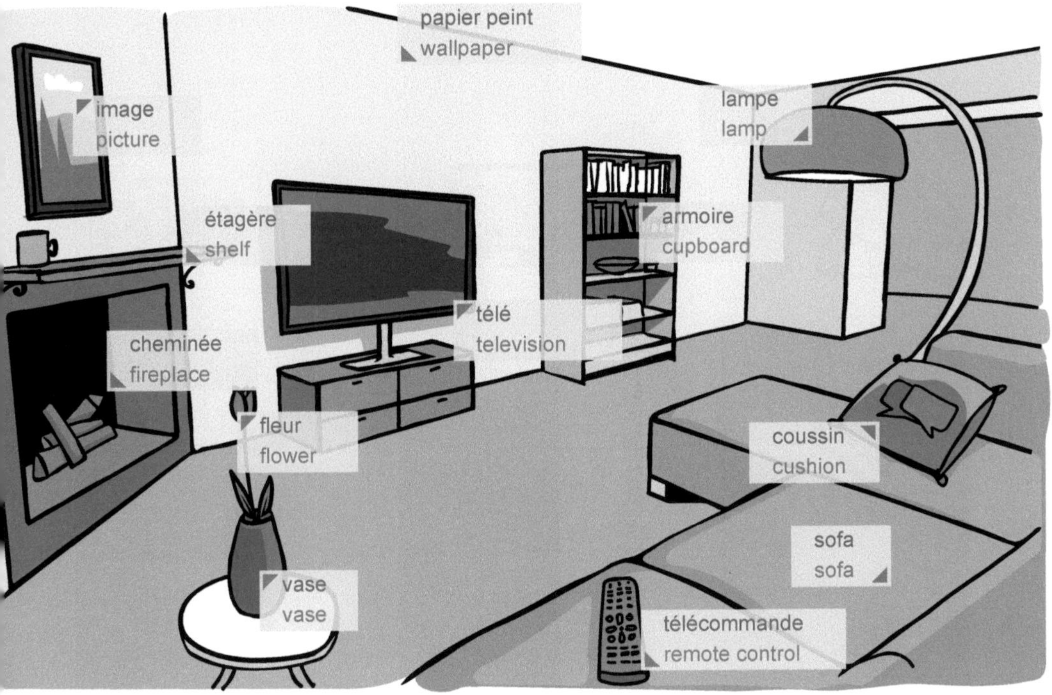

papier peint
wallpaper
image
picture
lampe
lamp
étagère
shelf
armoire
cupboard
télé
television
cheminée
fireplace
fleur
flower
coussin
cushion
sofa
sofa
vase
vase
télécommande
remote control

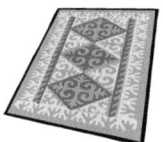

tapis

carpet

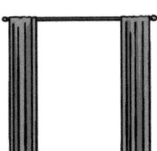

rideau

curtain

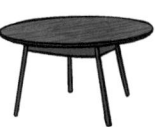

table

table

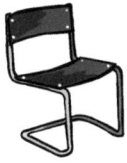

chaise

chair

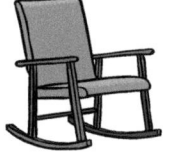

chaise à bascule

rocking chair

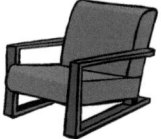

fauteuil

armchair

livre

book

couverture

blanket

décoration

decoration

bois de chauffage

firewood

film

film

chaîne hi-fi

hi-fi equipment

clé

key

journal

newspaper

peinture

painting

poster

poster

radio

radio

bloc-notes

notepad

aspirateur

hoover

cactus

cactus

bougie

candle

cuisine
kitchen

réfrigérateur
fridge
four à micro-ondes
microwave oven
balance de cuisine
kitchen scales
grille-pain
toaster
détergent
detergent
four
oven
compartiment congélateur
freezer
poubelle
rubbish bin
lave-vaisselle
dishwasher

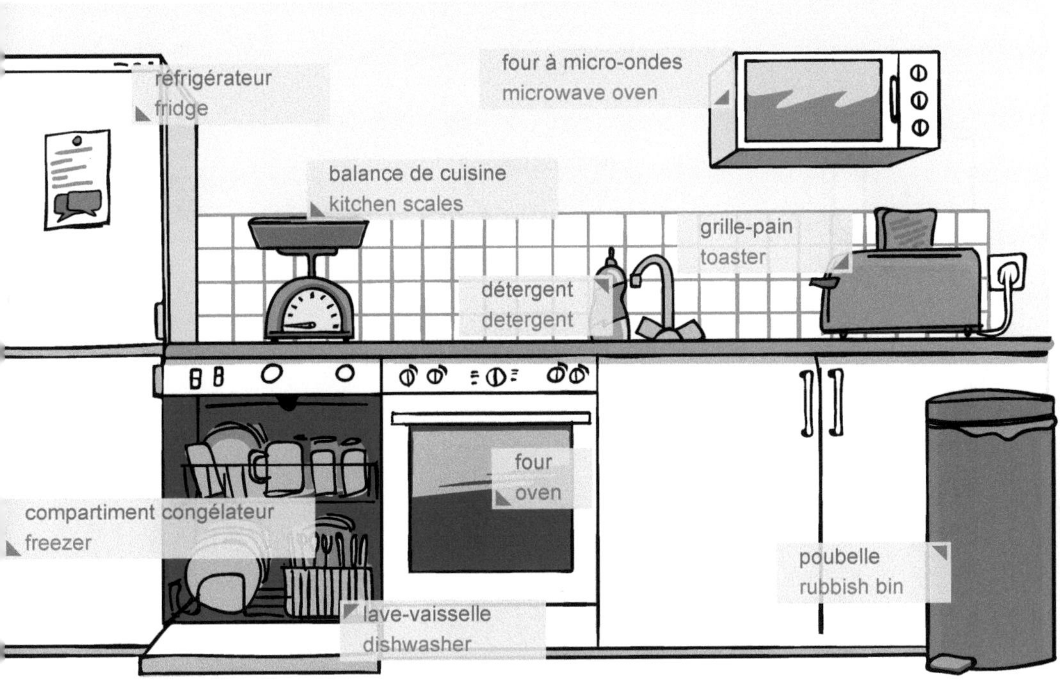

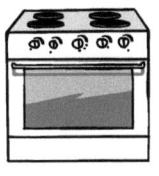

four
cooker

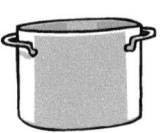

casserole
pot

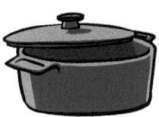

marmite
cast-iron pot

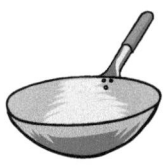

wok / kadai
wok / kadai

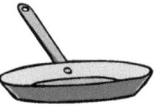

poêle
pan

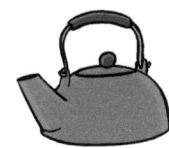

bouilloire electrique
kettle

cuiseur vapeur

steamer

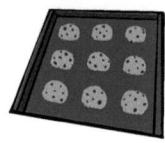

plaque de cuisson

baking tray

vaisselle

crockery

gobelet

mug

coupe

bowl

baguettes

chopsticks

louche

ladle

spatule

spatula

fouet

whisk

passoire

strainer

tamis

sieve

râpe

grater

mortier

mortar

barbecue

barbecue

cheminée

open fire

cuisine - kitchen

planche à découper

chopping board

rouleau à pâtisserie

rolling pin

tire-bouchon

corkscrew

boîte

can

ouvre-boîte

can opener

maniques

pot holder

lavabo

sink

brosse

brush

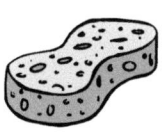

éponge

sponge

mixeur

blender

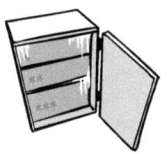

congélateur

deep freezer

biberon

baby bottle

robinet

tap

salle de bain
bathroom

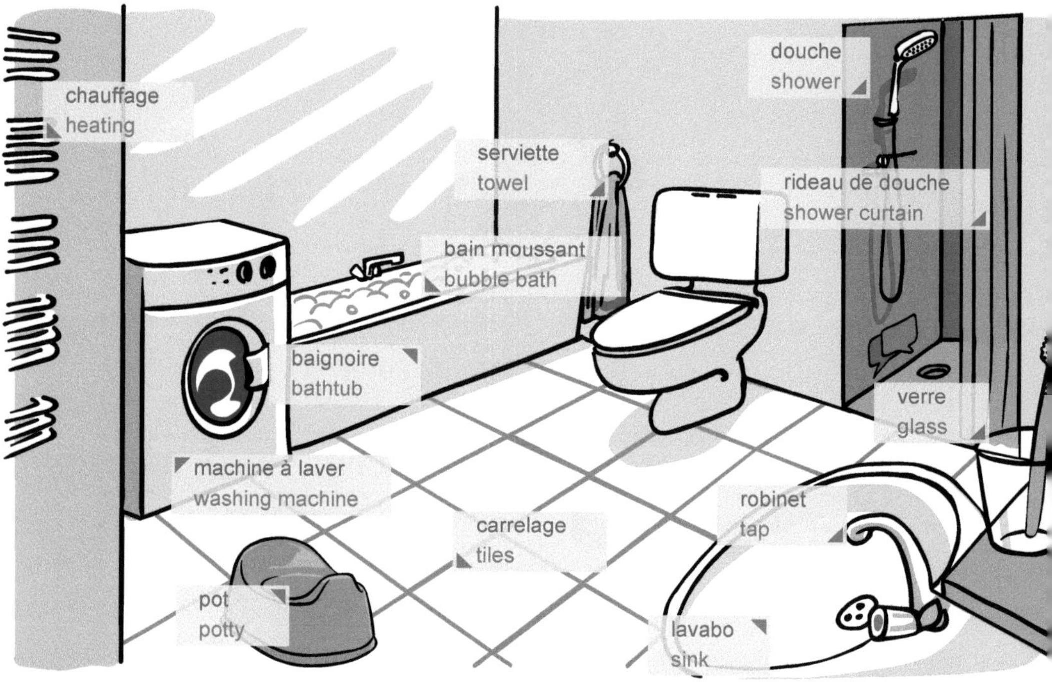
chauffage
heating
douche
shower
serviette
towel
rideau de douche
shower curtain
bain moussant
bubble bath
baignoire
bathtub
verre
glass
machine à laver
washing machine
robinet
tap
carrelage
tiles
pot
potty
lavabo
sink

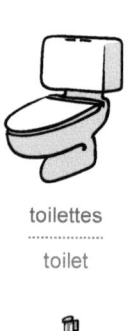

toilettes

toilet

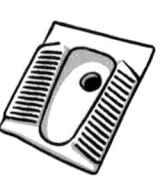

toilette à la turque

squat toilet

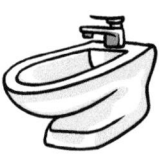

bidet

bidet

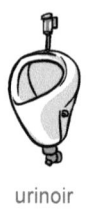

urinoir

urinal

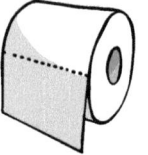

papier toilette

toilet paper

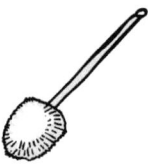

brosse à toilette

toilet brush

brosse à dents

toothbrush

dentifrice

toothpaste

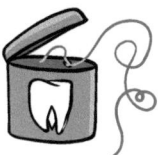

fil dentaire

dental floss

laver

wash

douche manuelle

handheld shower

douche intime

douche

vasque

basin

brosse dorsale

back brush

savon

soap

gel douche

shower gel

shampooing

shampoo

gant de toilette

flannel

écoulement

drain

crème

cream

déodorant

deodorant

miroir
mirror

miroir cosmétique
hand mirror

rasoir
razor

mousse à raser
shaving foam

après-rasage
aftershave

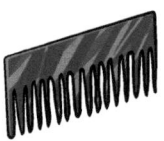

peigne
comb

brosse
brush

sèche-cheveux
hair dryer

laque pour cheveux
hairspray

fond de teint
makeup

rouge à lèvres
lipstick

vernis à ongles
nail varnish

ouate
cotton wool

coupe-ongles
nail scissors

parfum
perfume

trousse de toilette

washbag

tabouret

stool

pèse-personne

weighing scale

peignoir

bathrobe

gants de nettoyage

rubber gloves

tampon

tampon

serviettes hygiéniques

sanitary towel

toilette chimique

chemical toilet

chambre d'enfant

child's room

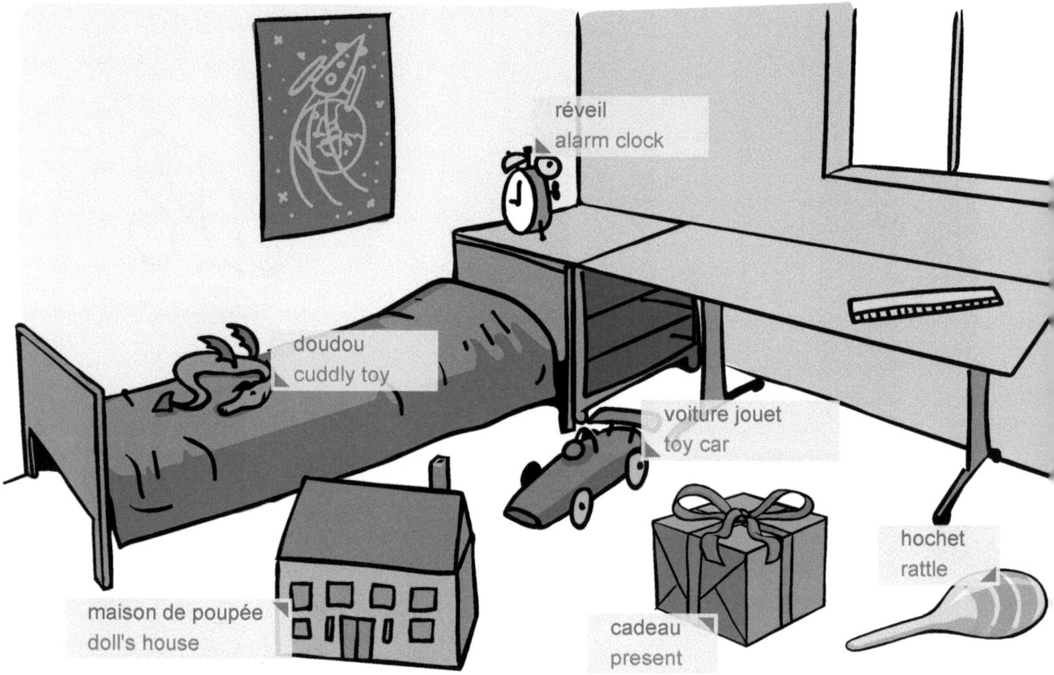
réveil
alarm clock
doudou
cuddly toy
voiture jouet
toy car
hochet
rattle
maison de poupée
doll's house
cadeau
present

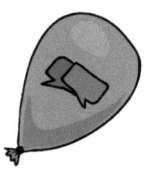

ballon

balloon

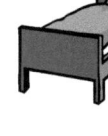

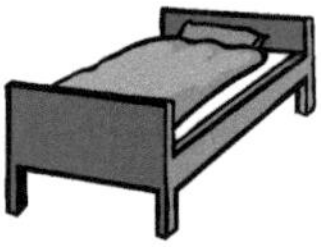

lit

bed

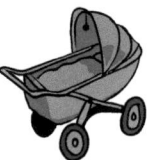

poussette

pram

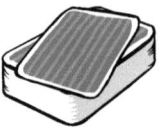

jeu de cartes

deck of cards

puzzle

jigsaw

SUPER MEGA

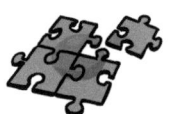

bande dessinée

comic

pièces lego

lego bricks

blocs de construction

building blocks

figurine

action figure

grenouillère

romper suit

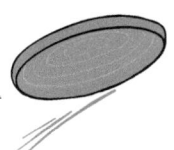

frisbee

Frisbee

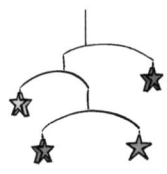

mobile

mobile

jeu de société

board game

dé

dice

train miniature

model train set

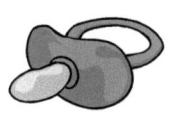

sucette

dummy

fête

party

livre d'images

picture book

balle

ball

poupée

doll

jouer

play

bac à sable
....
sandpit

balançoire
....
swing

jouets
....
toys

console de jeu
....
video game console

tricycle
....
tricycle

ours en peluche
....
teddy bear

armoire
....
wardrobe

vêtements

clothing

chaussettes
....
socks

bas
....
stockings

collant
....
tights

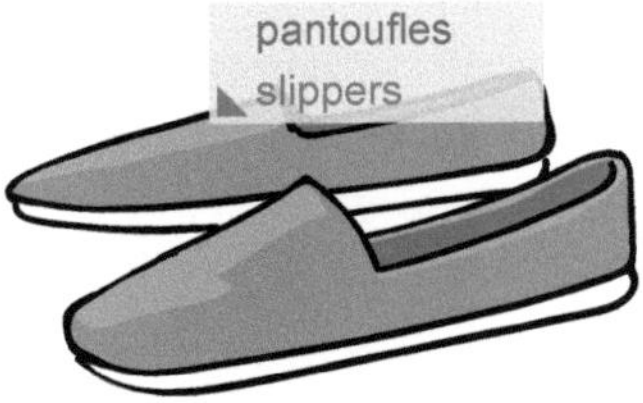

écharpe
scarf

parapluie
umbrella

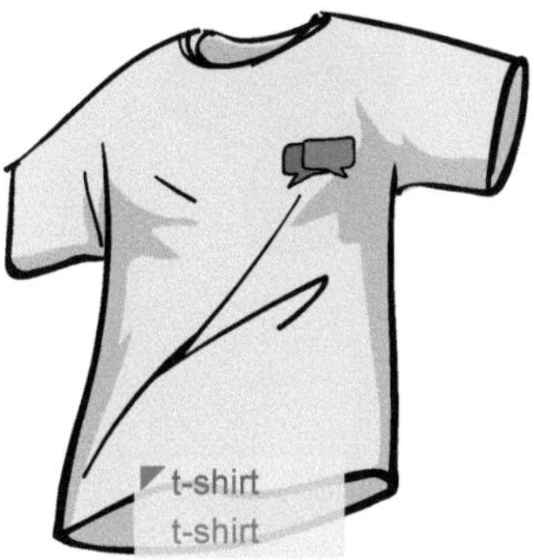

t-shirt
t-shirt

ceinture
belt

bottes
boots

pantoufles
slippers

baskets
trainers

sandales
....
sandals

chaussures
....
shoes

bottes de caoutchouc
....
rubber boots

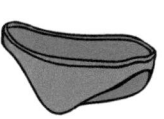

sous-vêtements
....
underpants

soutien-gorge
....
bra

maillot de corps
....
vest

body

body

pantalon

trousers

jean

jeans

jupe

skirt

chemisier

blouse

chemise

shirt

pull

pullover

sweat à capuche

hoodie

veste

blazer

veste

jacket

manteau

coat

imperméable

raincoat

costume

costume

robe

dress

robe de mariée

wedding dress

costume

suit

chemise de nuit

nightgown

pyjama

pyjamas

sari

sari

foulard

headscarf

turban

turban

burqa

burqa

caftan

kaftan

abaya

abaya

maillot de bain

swimsuit

maillot de bain

trunks

short

shorts

tenue d'entraînement

tracksuit

tablier

apron

gants

gloves

bouton

button

lunettes

glasses

bracelet

bracelet

collier

necklace

bague

ring

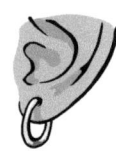

boucle d'oreille

earring

bonnet

cap

cintre

coat hanger

chapeau

hat

cravate

tie

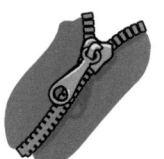

fermeture éclair

zipper

casque

helmet

bretelles

braces

uniforme scolaire

school uniform

uniforme

uniform

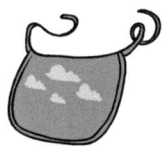

bavoir

bib

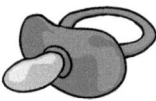

sucette

dummy

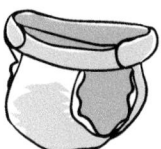

lange

nappy

bureau
office

serveur
server
armoire d'archivage
filing cabinet
imprimante
printer
papier
paper
écran
monitor
souris
mouse
bureau
desk
classeur
folder
clavier
keyboard
chaise
chair
corbeille à papier
paper bin
ordinateur
computer

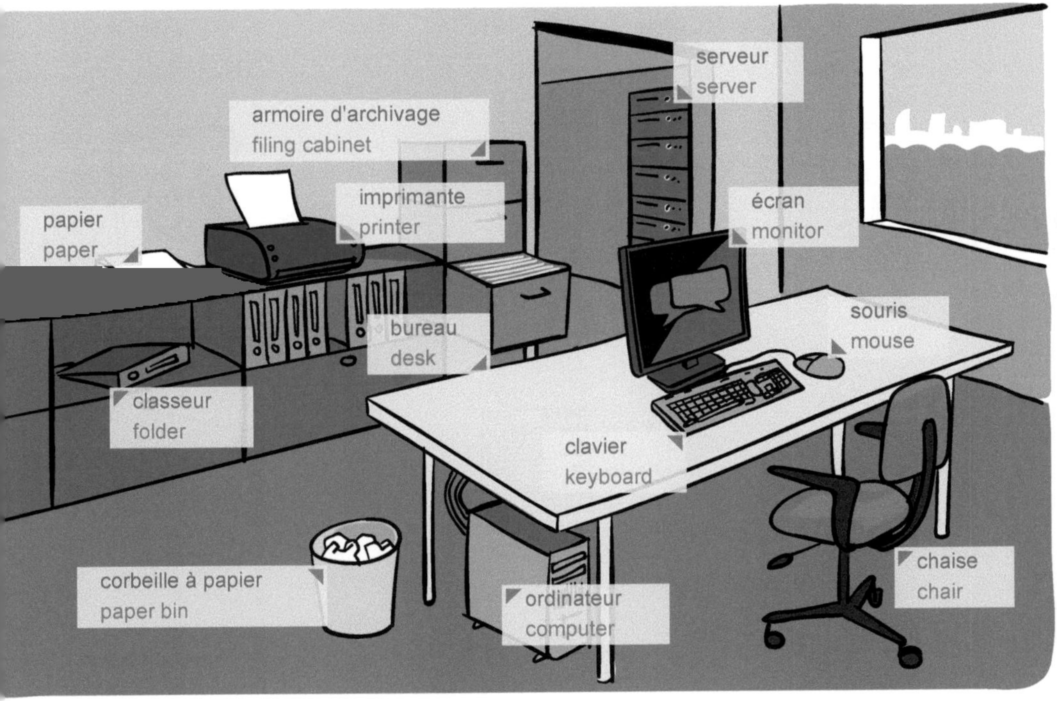

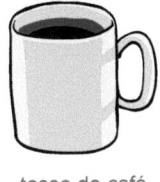

tasse de café

coffee mug

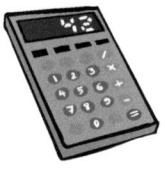

calculatrice

calculator

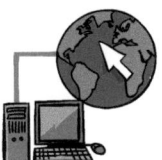

internet

internet

ordinateur portable

laptop

lettre

letter

message

message

portable

mobile

réseau

network

photocopieuse

photocopier

logiciel

software

téléphone

telephone

prise

plug socket

fax

fax machine

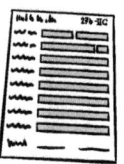

formulaire

form

document

document

acheter

buy

payer

pay

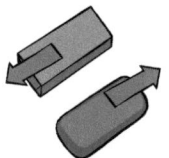

faire du commerce

trade

monnaie

money

dollar

dollar

euro

euro

yen

yen

rouble

rouble

franc suisse

Swiss franc

renminbi yuan

renminbi yuan

roupie

rupee

distributeur automatique

cashpoint

bureau de change
bureau de change

or
gold

argent
silver

pétrole
oil

énergie
energy

prix
price

contrat
contract

taxe
tax

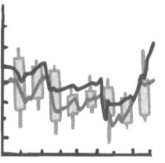

action
stock

travailler
work

employé
employee

employeur
employer

usine
factory

magasin
shop

économie - economy

agent de police
police officer

pompier
fireman

cuisinier
cook

médecin
doctor

pilote
pilot

jardinier

gardener

menuisier

carpenter

couturière

seamstress

juge

judge

chimiste

chemist

acteur

actor

conducteur de bus

bus driver

chauffeur de taxi

taxi driver

pêcheur

fisherman

femme de ménage

cleaning lady

couvreur

roofer

serveur

waiter

chasseur

hunter

peintre

painter

boulanger

baker

électricien

electrician

ouvrier

builder

ingénieur

engineer

boucher

butcher

plombier

plumber

facteur

postman

soldat

soldier

architecte

architect

caissier

cashier

fleuriste

florist

coiffeur

hairdresser

contrôleur

conductor

mécanicien

mechanic

capitaine

captain

dentiste

dentist

scientifique

scientist

rabbin

rabbi

imam

imam

moine

monk

prêtre

clergyman

professions - occupations

outils
tools

pinces
pliers
marteau
hammer
tournevis
screwdriver
clé
spanner
torche
torch

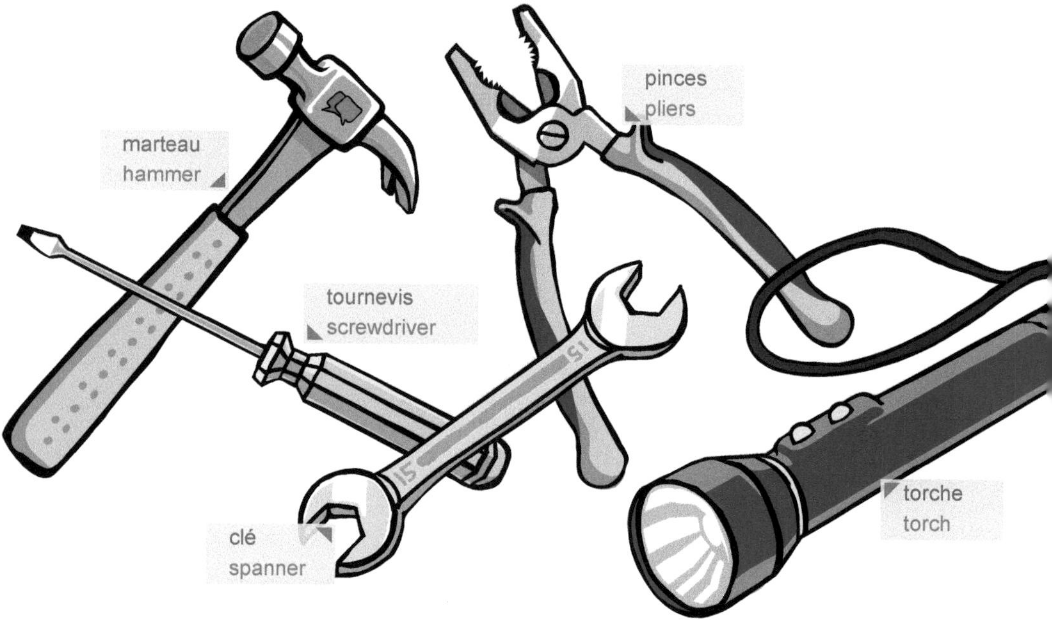

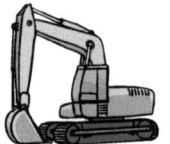

pelleteuse

digger

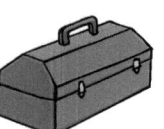

boîte à outils

toolbox

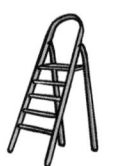

échelle

ladder

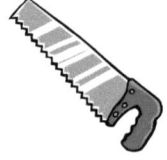

scie

saw

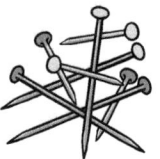

clous

nails

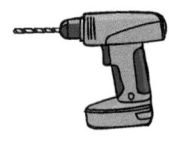

perceuse

drill

réparer

repair

pelle

shovel

Mince !

Damn!

pelle

dustpan

pot de peinture

paint pot

vis

screws

instruments de musique
musical instruments

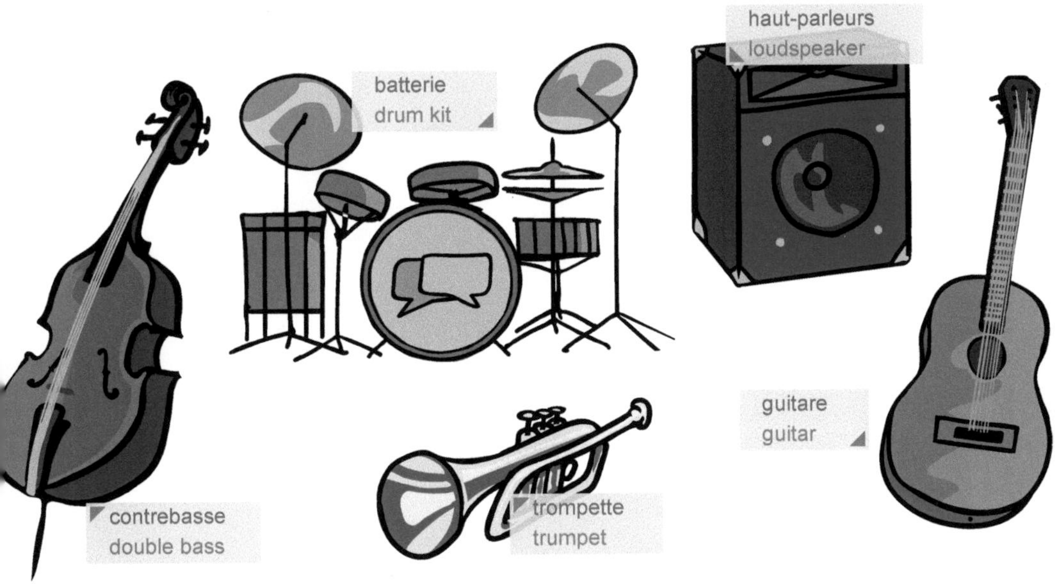

haut-parleurs
loudspeaker

batterie
drum kit

guitare
guitar

contrebasse
double bass

trompette
trumpet

piano
piano

violon
violin

basse
bass

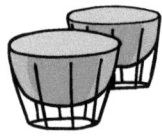

timbales
timpani

tambour
drums

piano électrique
keyboard

saxophone
saxophone

flûte
flute

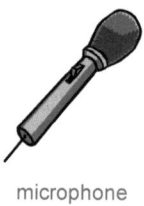

microphone
microphone

ZOO

ZOO

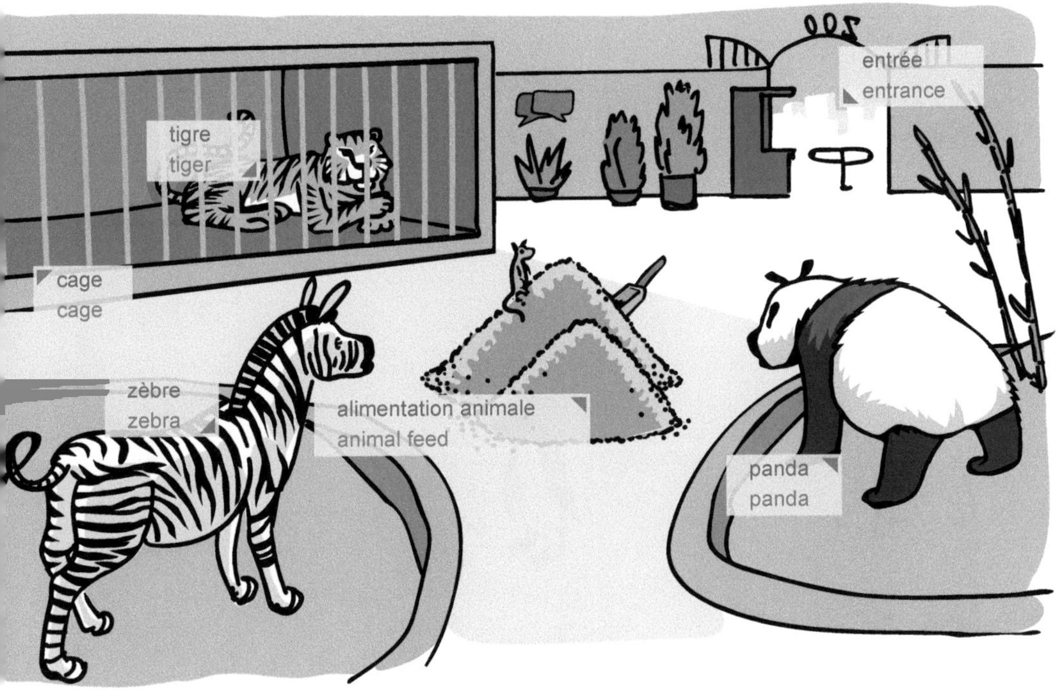

ZOO
entrée
entrance
tigre
tiger
cage
cage
zèbre
zebra
alimentation animale
animal feed
panda
panda

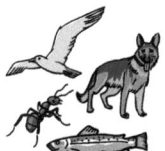

animaux

animals

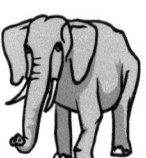

éléphant

elephant

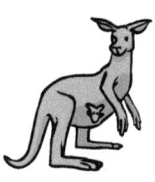

kangourou

kangaroo

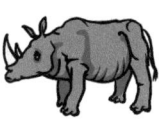

rhinocéros

rhino

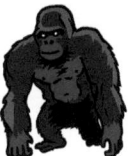

gorille

gorilla

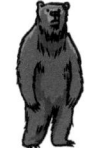

ours

bear

chameau

camel

autruche

ostrich

lion

lion

singe

monkey

flamand rose

flamingo

perroquet

parrot

ours polaire

polar bear

pingouin

penguin

requin

shark

paon

peacock

serpent

snake

crocodile

crocodile

gardien de zoo

zookeeper

phoque

seal

jaguar

jaguar

poney

pony

léopard

leopard

hippopotame

hippo

girafe

giraffe

aigle

eagle

sanglier

boar

poisson

fish

tortue

turtle

morse

walrus

renard

fox

gazelle

gazelle

american Football
American football

cyclisme
cycling

tennis
tennis

basket-ball
basketball

natation
swimming

boxe
boxing

hockey sur glace
ice hockey

football
football

badminton
badminton

athlétisme
athletics

handball
handball

ski
skiing

polo
polo

activités
activities

rire
laugh
sauter
jump
embrasser
hug
marcher
walk
chanter
sing
rêver
dream
prier
pray
faire la bise
kiss

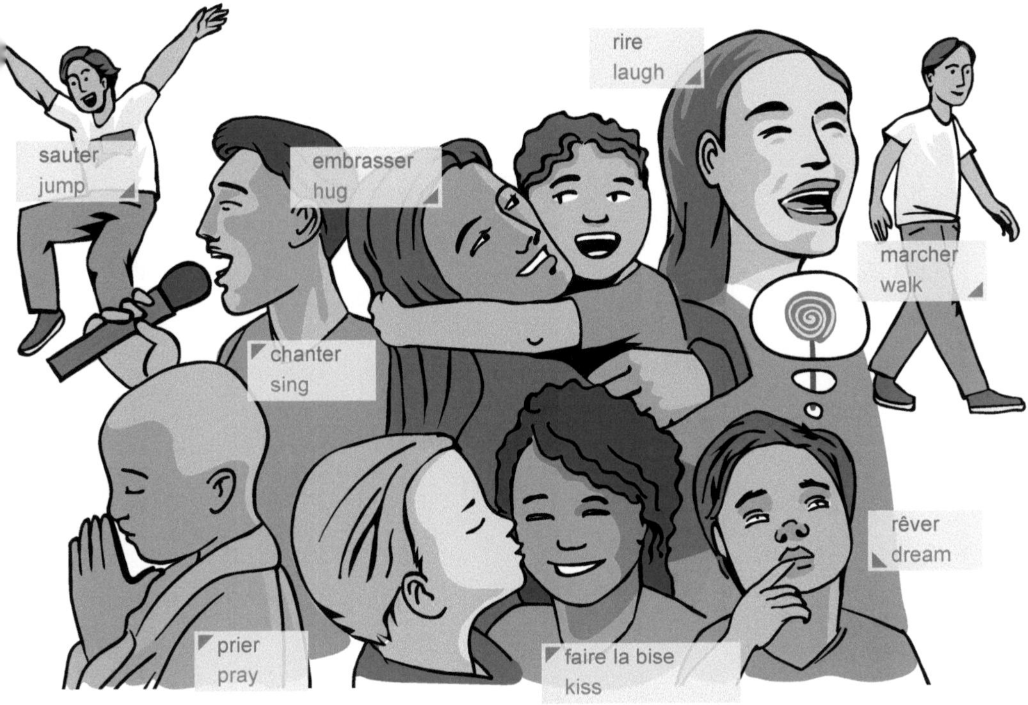

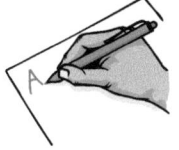

écrire
write

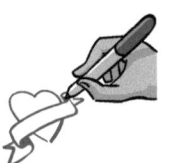

dessiner
draw

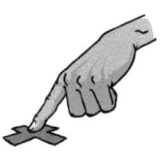

montrer
show

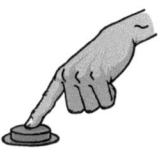

pousser
push

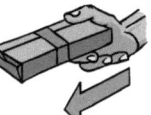

donner
give

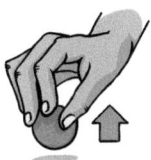

prendre
take

avoir

have

faire

do

être

be

être debout

stand

courir

run

trier

pull

jeter

throw

tomber

fall

être couché

lie

attendre

wait

porter

carry

être assis

sit

s'habiller

get dressed

dormir

sleep

se réveiller

wake up

regarder

look at

pleurer

cry

caresser

stroke

peigner

comb

parler

talk

comprendre

understand

demander

ask

écouter

listen

boire

drink

manger

eat

ranger

tidy up

aimer

love

cuire

cook

conduire

drive

voler

fly

activités - activities

faire de la voile

sail

calculer

calculate

lire

read

apprendre

learn

travailler

work

se marier

marry

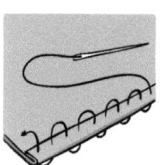

coudre

sew

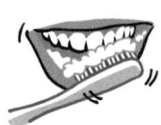

brosser les dents

brush teeth

tuer

kill

fumer

smoke

envoyer

send

famille
family

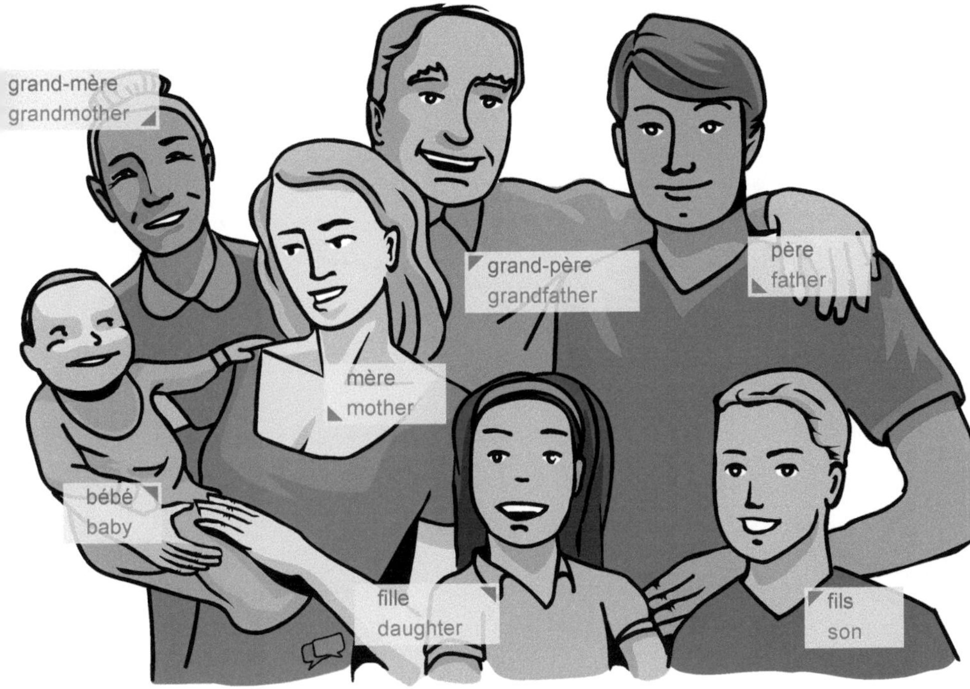
grand-mère
grandmother
grand-père
grandfather
père
father
mère
mother
bébé
baby
fille
daughter
fils
son

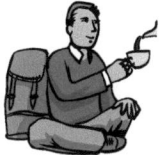

hôte

guest

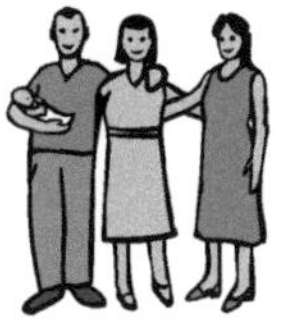

tante

aunt

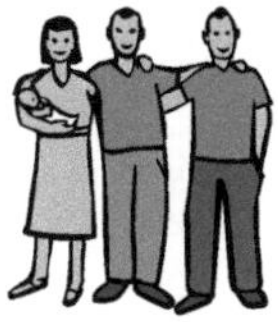

oncle

uncle

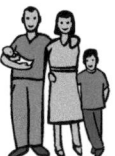

frère

brother

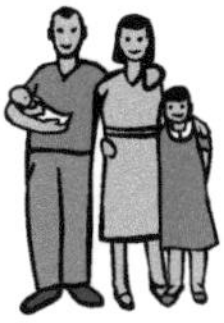

sœur

sister

corps

body

front
forehead
œil
eye
épaule
shoulder
doigt
finger
visage
face
menton
chin
main
hand
jambe
leg
poitrine
breast
bras
arm

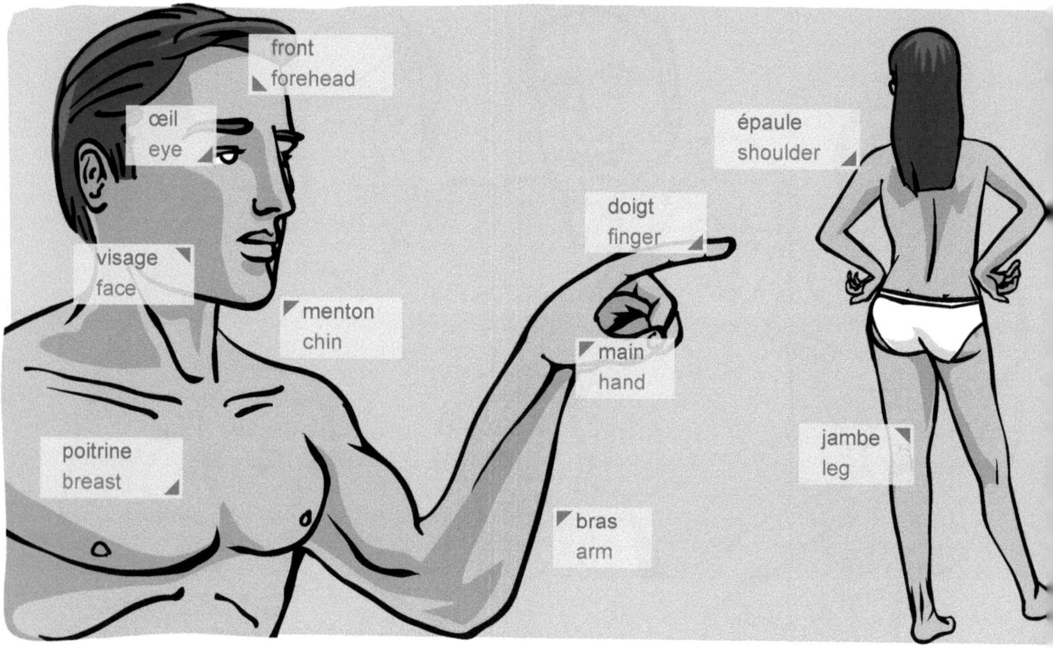

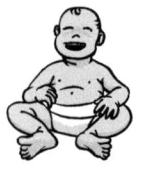

bébé
baby

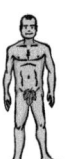

homme
man

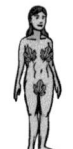

femme
woman

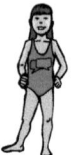

fille
girl

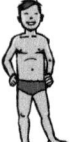

garçon
boy

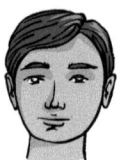

tête
head

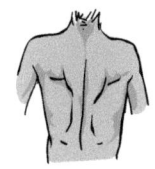

dos

back

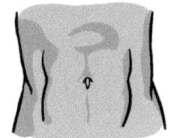

ventre

belly

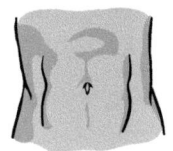

nombril

belly button

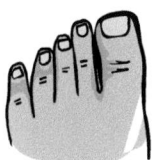

orteil

toe

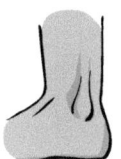

talon

heel

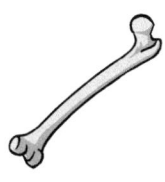

os

bone

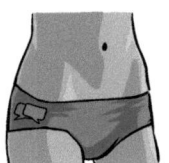

hanche

hip

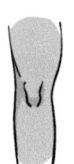

genou

knee

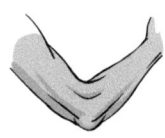

coude

elbow

nez

nose

fesses

bottom

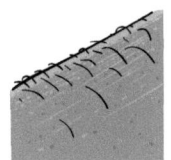

peau

skin

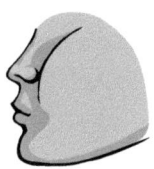

joue

cheek

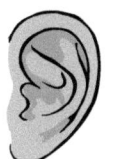

oreille

ear

lèvre

lip

bouche

mouth

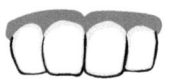

dent

tooth

langue

tongue

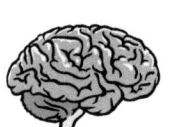

cerveau

brain

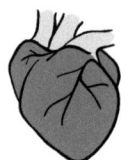

cœur

heart

muscle

muscle

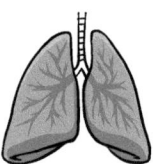

poumons

lung

foie

liver

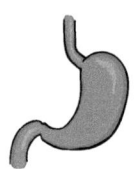

estomac

stomach

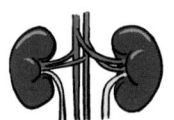

reins

kidneys

rapport sexuel

sex

préservatif

condom

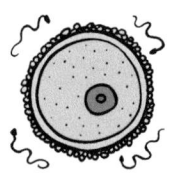

ovule

ovum

sperme

semen

grossesse

pregnancy

corps - body

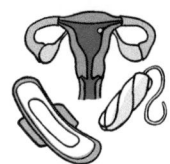

menstruation

menstruation

vagin

vagina

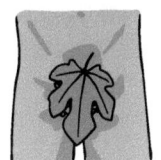

pénis

penis

sourcil

eyebrow

cheveux

hair

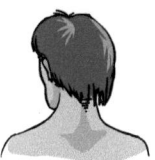

cou

neck

hôpital
hospital

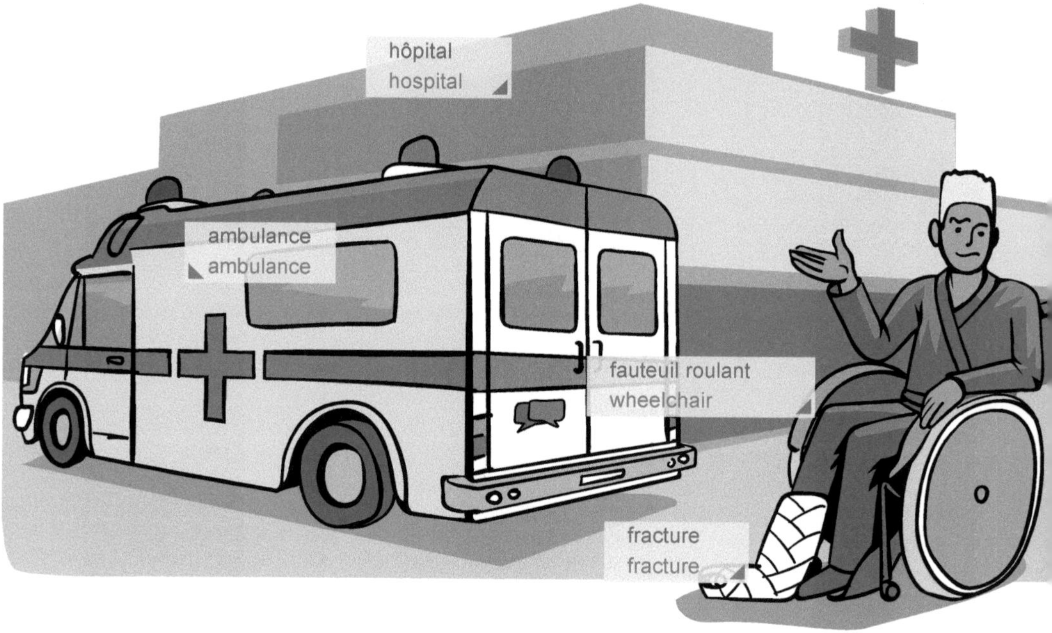

hôpital
hospital
ambulance
ambulance
fauteuil roulant
wheelchair
fracture
fracture

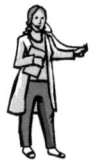

médecin

doctor

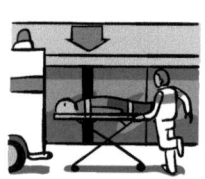

service des urgences

emergency room

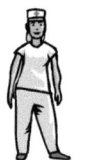

infirmière

nurse

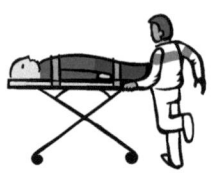

urgence

emergency

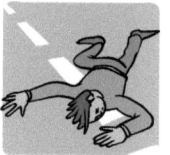

inconscient

unconscious

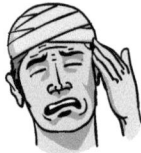

douleur

pain

blessure

injury

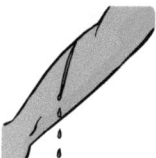

hémorragie

bleeding

crise cardiaque

heart attack

attaque cérébrale

stroke

allergie

allergy

toux

cough

fièvre

fever

grippe

flu

diarrhée

diarrhoea

mal de tête

headache

cancer

cancer

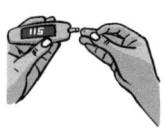

diabète

diabetes

chirurgien

surgeon

scalpel

scalpel

opération

operation

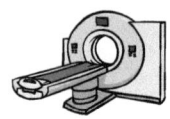

CT
CT

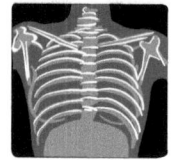

radiographie
x-ray

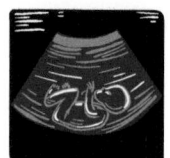

échographie
ultrasound

masque
face mask

maladie
disease

salle d'attente
waiting room

béquille
crutch

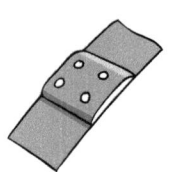

pansement
plaster

pansement
bandage

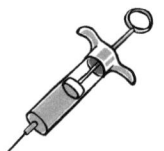

injection
injection

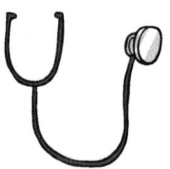

stéthoscope
stethoscope

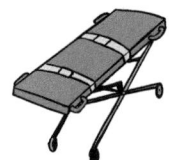

brancard
stretcher

thermomètre
clinical thermometer

accouchement
birth

surcharge pondérale
overweight

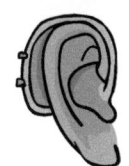

appareil auditif

hearing aid

désinfectant

disinfectant

infection

infection

virus

virus

VIH / sida

HIV / AIDS

médicament

medicine

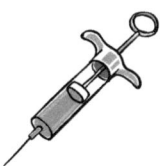

vaccination

vaccination

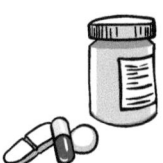

comprimés

tablets

pilule

pill

appel d'urgence

emergency call

tensiomètre

blood pressure monitor

malade / sain

sick / healthy

Au secours !

Help!

alarme

alarm

assaut

assault

attaque

attack

danger

danger

sortie de secours

emergency exit

Au feu!

Fire!

extincteur

fire extinguisher

accident

accident

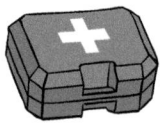

trousse de premier secours

first-aid kit

SOS

SOS

police

police

Europe

Europe

Amérique du Nord

North America

Amérique du Sud

South America

Afrique

Africa

Asie

Asia

Australie

Australia

Océan atlantique

Atlantic

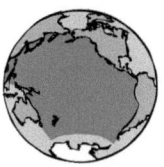

Océan pacifique

Pacific

Océan indien

Indian Ocean

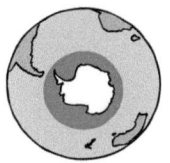

Océan antarctique

Antarctic Ocean

Océan arctique

Arctic Ocean

pôle nord

North Pole

pôle sud

South Pole

Antarctique

Antarctica

terre

Earth

pays

land

mer

sea

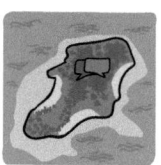

île

island

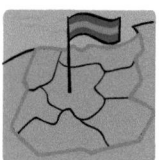

nation

nation

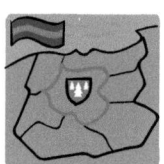

état

state

cadran

clock face

aiguille des heures

hour hand

aiguille des minutes

minute hand

aiguille des secondes

second hand

Quelle heure est-il ?

What time is it?

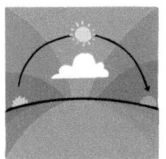

jour

day

temps

time

maintenant

now

montre digitale

digital watch

minute

minute

heure

hour

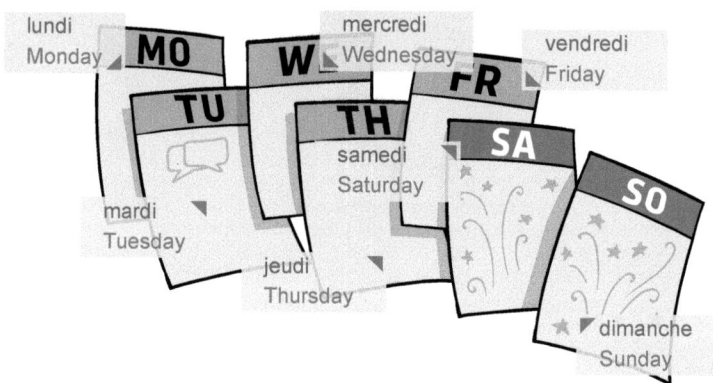

lundi
Monday **MO**

TU

mardi
Tuesday

mercredi **W** Wednesday

TH

jeudi
Thursday

samedi
Saturday

vendredi **FR** Friday

SA

SO

dimanche
Sunday

hier
....
yesterday

aujourd'hui
....
today

demain
....
tomorrow

matin
....
morning

midi
....
noon

soir
....
evening

MO	TU	WE	TH	FR	SA	SU
1	2	3	4	5	6	7
8	9	10	11	12	13	14
15	16	17	18	19	20	21
22	23	24	25	26	27	28
29	30	31	1	2	3	4

jours ouvrables
....
business days

MO	TU	WE	TH	FR	SA	SU
1	2	3	4	5	6	7
8	9	10	11	12	13	14
15	16	17	18	19	20	21
22	23	24	25	26	27	28
29	30	31	1	2	3	4

week-end
....
weekend

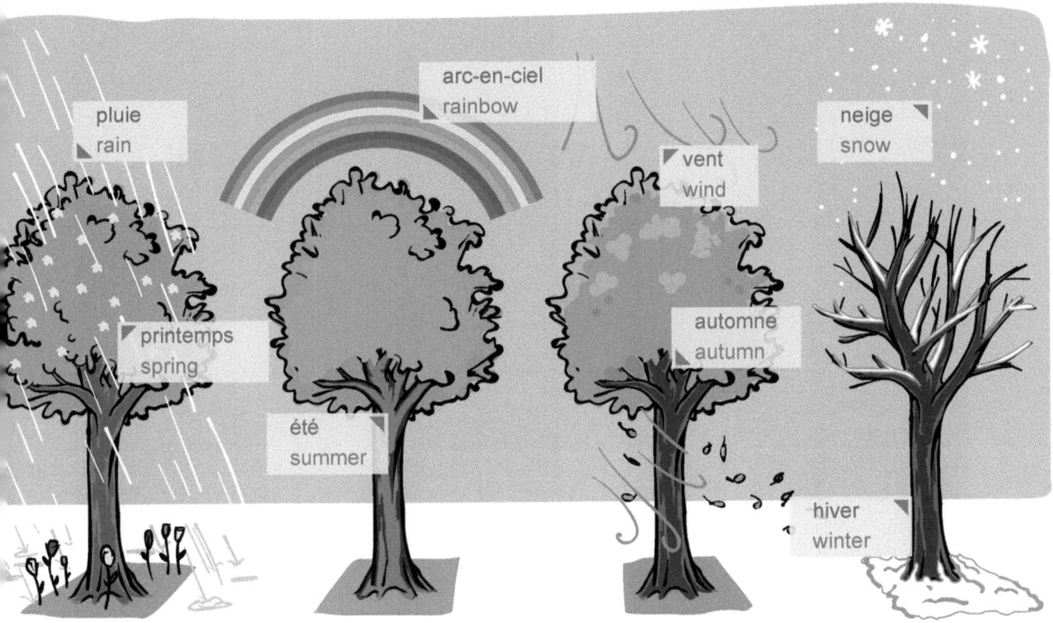

pluie
rain
arc-en-ciel
rainbow
vent
wind
neige
snow
printemps
spring
été
summer
automne
autumn
hiver
winter

4.APRIL 11°
5.APRIL 4°
6.APRIL 13°
7.APRIL 8°
8.APRIL 10°

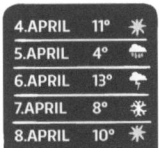

météo

weather forecast

F
C
120
90
60
30
0
-30
40
30
20
10
0
-10
-20

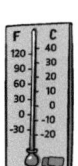

thermomètre

thermometer

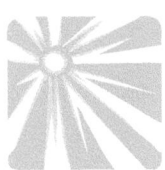

lumière du soleil

sunshine

nuage

cloud

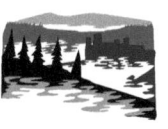

brouillard

fog

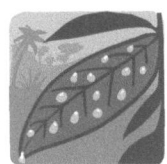

humidité

humidity

foudre

lightning

tonnerre

thunder

tempête

storm

grêle

hail

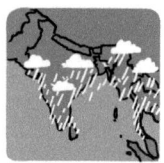

mousson

monsoon

inondation

flood

glace

ice

janvier

January

février

February

mars

March

avril

April

mai

May

juin

June

juillet

July

août

August

année - year

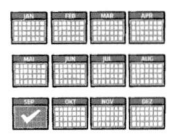

septembre
....
September

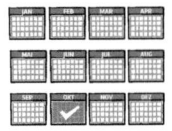

octobre
....
October

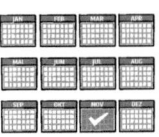

novembre
....
November

décembre
....
December

formes
shapes

cercle
....
circle

carré
....
square

rectangle
....
rectangle

triangle
....
triangle

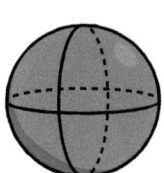

sphère
....
sphere

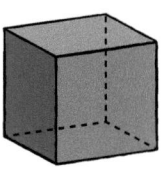

cube
....
cube

couleurs

colours

blanc

white

jaune

yellow

orange

orange

rose

pink

rouge

red

violet

purple

bleu

blue

vert

green

marron

brown

gris

grey

noir

black

beaucoup / peu

a lot / a little

fâché / calme

angry / calm

joli / laid

beautiful / ugly

début / fin

beginning / end

grand / petit

big / small

clair / obscure

bright / dark

frère / soeur

brother / sister

propre / sale

clean / dirty

complet / incomplet

complete / incomplete

jour / nuit

day / night

mort / vivant

dead / alive

large / étroit

wide / narrow

comestible / incomestible

edible / inedible

méchant / gentil

evil / nice

excité / ennuyé

excited / bored

gros / mince

fat / thin

premier / dernier

first / last

ami / ennemi

friend / enemy

plein / vide

full / empty

dur / souple

hard / soft

lourd / léger

heavy / light

faim / soif

hunger / thirst

malade / sain

sick / healthy

illégal / légal

illegal / legal

intelligent / stupide

intelligent / stupid

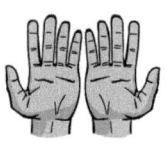

gauche / droite

left / right

proche / loin

near / far

nouveau / usé

new / used

rien / quelque chose

nothing / something

vieux / jeune

old / young

marche / arrêt

on / off

ouvert / fermé

open / closed

faible / fort

quiet / loud

riche / pauvre

rich / poor

correct / incorrect

right / wrong

rugueux / lisse

rough / smooth

triste / heureux

sad / happy

court / long

short / long

lent / rapide

slow / fast

mouillé / sec

wet / dry

chaud / froid

warm / cool

guerre / paix

war / peace

0

zéro

zero

1

un / une

one

2

deux

two

3

trois

three

4

quatre

four

5

cinq

five

6

six

six

7

sept

seven

8

huit

eight

9

neuf

nine

10

dix

ten

11

onze

eleven

12

douze
twelve

13

treize
thirteen

14

quatorze
fourteen

15

quinze
fifteen

16

seize
sixteen

17

dix-sept
seventeen

18

dix-huit
eighteen

19

dix-neuf
nineteen

20

vingt
twenty

100

cent
hundred

1.000

mille
thousand

1.000.000

million
million

anglais

English

anglais américain

American English

chinois mandarin

Mandarin Chinese

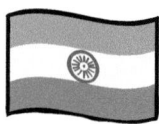

hindi

Hindi

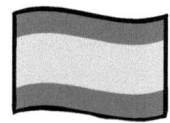

espagnol

Spanish

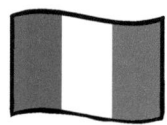

français

French

arabe

Arabic

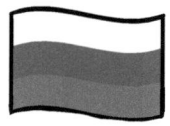

russe

Russian

portugais

Portuguese

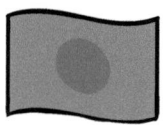

bengali

Bengali

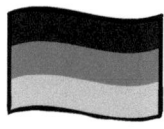

allemand

German

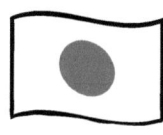

japonais

Japanese

je
I

tu
you

il / elle / ce, c', cela
he / she / it

nous
we

vous
you

ils / elles
they

Qui ?
who?

Quoi ?
what?

Comment ?
how?

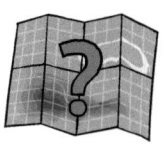

Où ?
where?

Quand ?
when?

nom
name

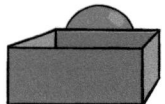

derrière

behind

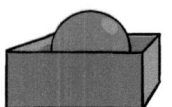

dans

in

devant

in front of

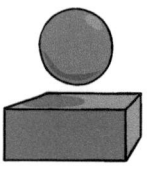

au-dessus

over

sur

on

en-dessous

under

à côté de

beside

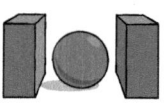

entre

between

lieu

place